cabeça de MELÃO e cabeça de ABACATE

CLEBER GALHARDI
Ilustrações: Rafael Sanches

Um dia, os amigos jogavam futebol quando apareceu um cachorrinho. Ele estava com cara de assustado, parecia estar com fome e muita sede.

Beto saiu correndo em direção ao animal. Kelvin foi atrás. Enquanto se aproximavam, chamaram o cachorro. O pequeno cão ficou feliz e correu ao encontro dos dois abanando o rabo.

– Vamos fazer o seguinte – disse Kelvin –, vou à minha casa buscar comida e você vai à sua buscar água para dar ao nosso amiguinho de pelos!
– Legal – concordou Beto.

Ambos saíram correndo e, após alguns minutos, o cachorro se deliciava com a comida, bebendo também muita água. Em retribuição, o animal deu uma lambida no rosto de cada um dos novos amigos.

– Ele precisa de um nome – falou Beto.
– Vai se chamar Bob!
– Bob não – disse Kelvin. – Ele tem cara de Kim. Quer ver?
Kelvin saiu correndo e gritou:
– Corre, Kim, vem aqui!
O cachorro saiu todo feliz atrás de Kelvin. Nessa hora, Beto deu um grito:
– Aqui, Bob, vem!

Na mesma hora, o cachorro voltou-se para Beto, indicando que tinha gostado daquele nome. "Acho que ele está querendo tirar meu amigo de mim!", pensou Kelvin. E Beto refletiu: "Tenho certeza de que Kelvin não quer que o Bob fique comigo!".

Apesar disso, os três amigos brincaram por mais de uma hora, até que o sol começou a se esconder, e Kelvin e Beto tiveram que voltar para casa.

Bob, ou Kim, acompanhou os amigos, feliz da vida, abanando o rabo. Quando chegaram em casa, ambos olharam para o cachorro e se despediram. Bob-Kim ficou parado, apenas observando os garotos.

– Kim, entra. Você vai dormir aqui!
– Não, Bob, você vai dormir aqui!
O animalzinho ficou confuso, sem saber para onde ir.
– Hoje ele dorme na minha casa – afirmou Beto.
– Não! Hoje ele dorme na minha casa – retrucou Kelvin.

Beto parou de discutir e entrou correndo porta adentro. Voltou bem rápido, com um pedaço de pão na mão, e gritou:
– Aqui, Bob, é para você!
Assim que viu o alimento, o cachorro saiu correndo e entrou na casa de Beto. O menino fechou logo a porta, e o cachorro passou a noite toda ali.

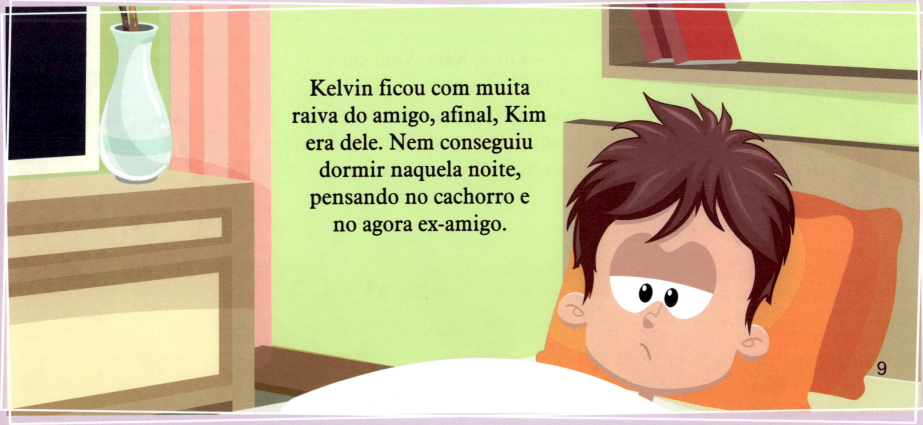

Kelvin ficou com muita raiva do amigo, afinal, Kim era dele. Nem conseguiu dormir naquela noite, pensando no cachorro e no agora ex-amigo.

O dia amanheceu. Os meninos estavam de férias; não precisavam ir para a escola.
Quando Kelvin saiu para brincar, encontrou Beto e Bob-Kim. Voltou então rapidamente para dentro de casa, pegou um pedaço de carne e, da porta, gritou:

– Olha, Kim. Vem cá!
Ao ver a apetitosa refeição, o cachorro saiu correndo e foi entrando na casa de Kelvin. Desta vez, foi Beto quem ficou muito nervoso!

O clima estava se tornando tenso entre os dois amigos.
Beto correu para a frente da casa de Kelvin, berrando:
– Você é um ladrão de amigos! Devolve o Bob, seu ladrão!
– Fiz o mesmo que você fez ontem, seu boboca! E o nome dele é KIM!
Beto estava furioso. Olhando com irritação para Kelvin, esbravejou:
– Você é um Cabeça de Melão! Cabeça de Melão!

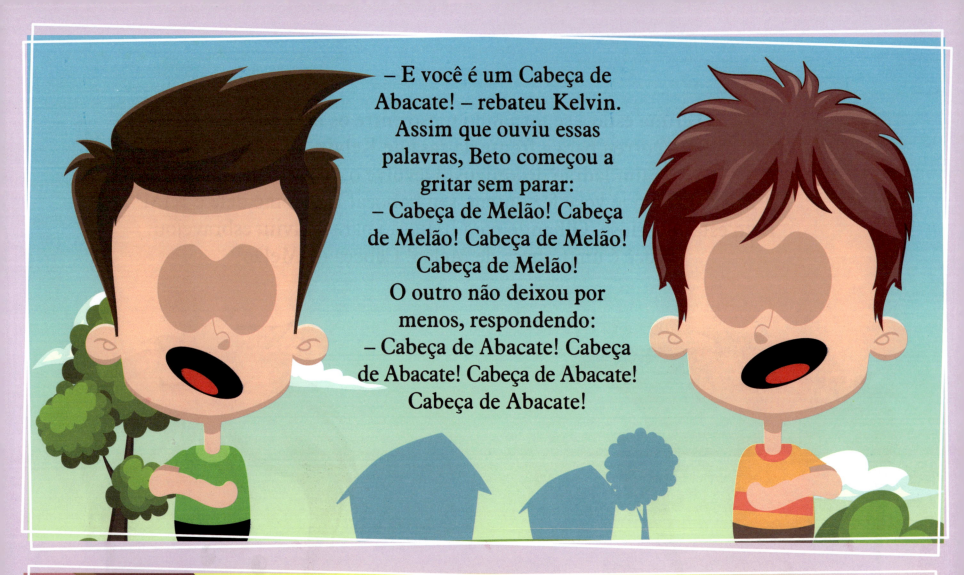

– E você é um Cabeça de Abacate! – rebateu Kelvin. Assim que ouviu essas palavras, Beto começou a gritar sem parar:
– Cabeça de Melão! Cabeça de Melão! Cabeça de Melão! Cabeça de Melão!
O outro não deixou por menos, respondendo:
– Cabeça de Abacate! Cabeça de Abacate! Cabeça de Abacate! Cabeça de Abacate!

Durante todo o dia, pela janela, Beto ficou espiando Bob-Kim brincar com Kelvin. O menino jogava uma bola e o cachorro corria, pegava-a com a boca e a devolvia para ele.

Bem no final da tarde, Kelvin e Bob-Kim saíram para brincar na rua. Foi então que Beto correu para a calçada com um pedaço de bolo e mostrou para o cachorro, chamando-o:
– Ei, Bob, olha o que eu tenho para você.
O peludo ficou muito feliz ao ver o outro amigo, e ainda mais ao ver o pedaço de bolo. Não demorou nada e já saía em disparada, entrando na casa de Beto.

Da rua, Kelvin não acreditou no que viu. Muito irritado, disparou um montão de palavras desagradáveis:
– Seu Cabeça de Abacate, ladrão de amigos! Devolve o Kim; ele agora é meu!
– Fica quieto, seu Cabeça de Melão! O Bob é meu!
Kelvin entrou em sua casa furioso.

Durante vários dias, acontecia sempre a mesma coisa. Ora Bob-Kim estava na casa de Kelvin, ora brincando com Beto. Ninguém via os três se divertirem juntos e, todas as vezes em que se encontravam, Beto e Kelvin trocavam ofensas.
O jeito de conquistar Bob-Kim era o mesmo: oferecendo petiscos e com muita brincadeira.

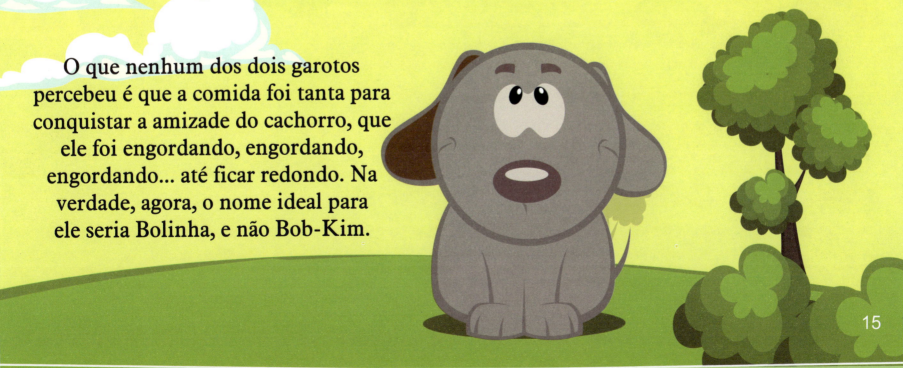

O que nenhum dos dois garotos percebeu é que a comida foi tanta para conquistar a amizade do cachorro, que ele foi engordando, engordando, engordando... até ficar redondo. Na verdade, agora, o nome ideal para ele seria Bolinha, e não Bob-Kim.

Embora os meninos não se importassem com isso, chegou um dia em que Bob-Kim não conseguia mais andar. Tristes, os garotos chamavam o cachorro, mas ele não saía do lugar. Estava muito doente!

Depois de um longo tempo, foi a primeira vez que Beto e Kelvin conseguiram ficar próximos novamente. Sentados na calçada ao lado do pequeno animal, ambos choravam sem parar.

Enquanto derramavam suas lágrimas, passou pela rua um homem chamado Tio Chico. Ele era sábio e amoroso, e, ao ver as crianças chorando, foi perguntar o motivo daquela tristeza.

Os garotos se esqueceram da raiva que vinham sentindo um pelo outro e começaram a contar o que havia acontecido. Bob-Kim acompanhava a conversa, apenas mexendo o rabo de vez em quando.

Quando terminou de ouvir a história, Tio Chico comentou: – Crianças, quando amamos alguém, precisamos entender que não somos donos da pessoa; que ela tem o direito de gostar e de dividir o seu amor com os outros. Isso não quer dizer que seremos esquecidos ou que não somos amados!

– Passando a mão na cabeça dos meninos, continuou: – Entendo que cada um de vocês queira o cachorro para si, mas tenham certeza de que nosso amiguinho aqui ama os dois, não é mesmo, Bob-Kim?
O cachorrinho abanou o rabo, querendo dizer que concordava com Tio Chico.
– O desejo exagerado para ganhar a admiração do amiguinho de pelos quase fez com que vocês o perdessem! – acrescentou ele.
– Agora vejo que eu pensei somente em mim – falou Beto.
– E eu fui egoísta, sem me preocupar com meus dois amigos – respondeu Kelvin.
– Que bom que aprenderam a lição. Agora é hora de salvar Bob-Kim. Vamos fazer o seguinte: cuidem do cachorro enquanto vou para casa buscar o carro, está bem?
– Sim – os meninos concordaram.

19

Tio Chico foi para casa e, minutos depois, já estava de volta. Com a ajuda dos garotos, colocou o animal no carro e seguiu para um veterinário, amigo dele.

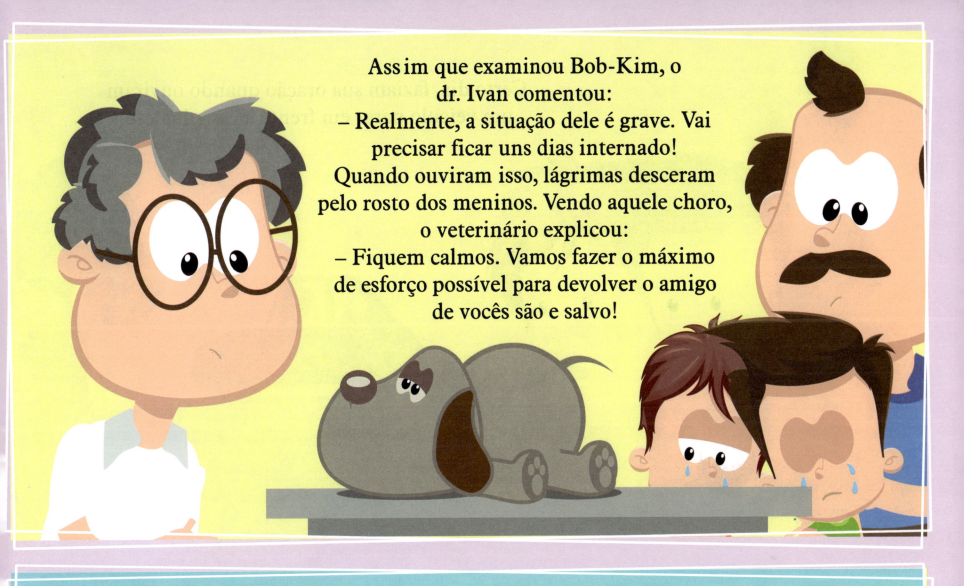

Assim que examinou Bob-Kim, o dr. Ivan comentou:
– Realmente, a situação dele é grave. Vai precisar ficar uns dias internado!
Quando ouviram isso, lágrimas desceram pelo rosto dos meninos. Vendo aquele choro, o veterinário explicou:
– Fiquem calmos. Vamos fazer o máximo de esforço possível para devolver o amigo de vocês são e salvo!

Depois da visita ao dr. Ivan, Tio Chico, Beto e Kelvin retornaram para casa. Nos dias seguintes, uma vez por dia, os amigos se juntavam e faziam uma prece para que Deus ajudasse o amiguinho de pelos a se recuperar.

Certo dia, faziam sua oração quando ouviram um veículo parar em frente à casa de Beto.

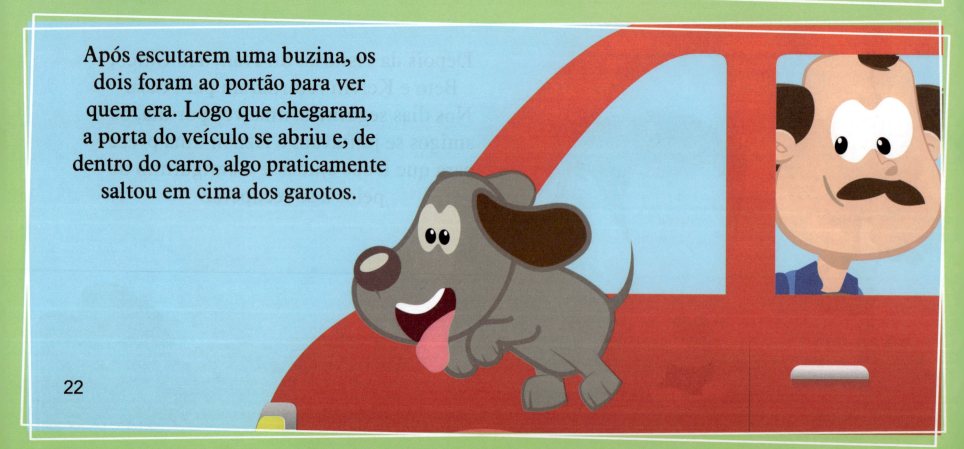

Após escutarem uma buzina, os dois foram ao portão para ver quem era. Logo que chegaram, a porta do veículo se abriu e, de dentro do carro, algo praticamente saltou em cima dos garotos.

Para surpresa de ambos, era Bob-Kim. Assim que viu os amigos, o cachorro saiu em disparada, feliz, lambendo o rosto dos meninos. A alegria foi tanta, que os três começaram a correr de um lado para outro da rua.
Tio Chico observava tudo com um sorriso.

Quando os três se aproximaram, ele chamou os garotos para uma conversa. Sentaram-se na calçada, e Bob-Kim, cansado da brincadeira, deitou-se ao lado deles.
– Crianças, não está faltando falar nada entre vocês?

Beto tomou a frente:
– Desculpe, Kelvin! Fui egoísta e não soube dividir o amor do nosso amiguinho. Foi mal, Cabeça de Melão.

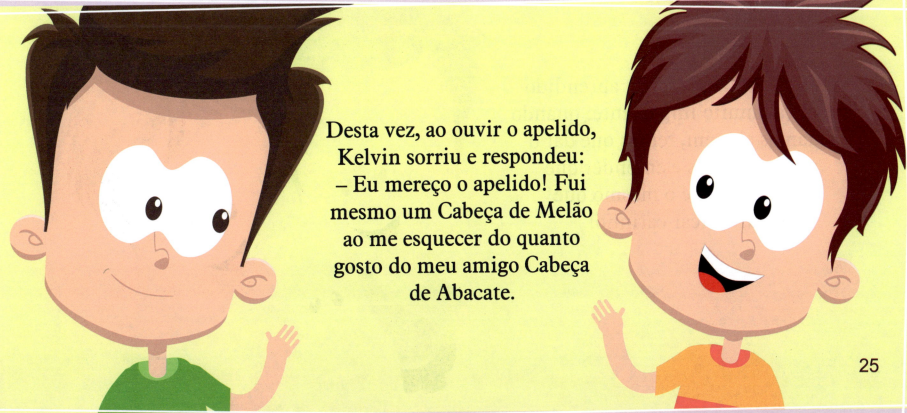

Desta vez, ao ouvir o apelido, Kelvin sorriu e respondeu:
– Eu mereço o apelido! Fui mesmo um Cabeça de Melão ao me esquecer do quanto gosto do meu amigo Cabeça de Abacate.

Ambos se abraçaram e riram muito. Os apelidos não representavam mais incômodo algum; pelo contrário, tinham se tornado nomes até divertidos. Juntos, deram um abraço em Tio Chico e, em seguida, também em Bob-Kim.

Os dois amigos haviam aprendido uma lição muito importante: quando amamos alguém, temos que dar o melhor de nós e entender que dividir afeto é o mesmo que multiplicar carinho!

Agora, o recém-nomeado Bobkim dorme um dia em cada casa. E, quando os meninos chegam da aula, podemos ver sempre os três juntos brincando, rindo muito, porque entenderam a importância de se ter amigos e saber amá-los.

Instituto Beneficente Boa Nova
Entidade coligada à Sociedade Espírita Boa Nova
Av. Porto Ferreira, 1.031 | Parque Iracema
Catanduva/SP | CEP 15809-020
www.boanova.net | boanova@boanova.net
Fone: (17) 3531-4444